퀴즈를 풀면 역사가 보인다!

세계사 퀴즈

세계를 빛낸 위인들

채은 글 | 수아 그림

엠앤키즈

차례

1. 알렉산드로스 대왕 ★ 8
2. 카이사르 ★ 9
3. 칭기즈 칸 ★ 10
4. 잔 다르크 ★ 11
5. 나폴레옹 ★ 12
6. 링컨 ★ 13
7. 쑨원 ★ 14
8. 처칠 ★ 15
9. 넬슨 만델라 ★ 16
10. 호세 무히카 ★ 17

21. 레오나르도 다 빈치 ★ 30
22. 셰익스피어 ★ 31
23. 모차르트 ★ 32
24. 베토벤 ★ 33
25. 빅토르 위고 ★ 34
26. 안데르센 ★ 35
27. 톨스토이 ★ 36
28. 빈센트 반 고흐 ★ 37
29. 가우디 ★ 38
30. 피카소 ★ 39

11. 마르코 폴로 ★ 19
12. 콜럼버스 ★ 20
13. 마젤란 ★ 21
14. 아문센 ★ 22
15. 앤드루 카네기 ★ 23
16. 워런 버핏 ★ 24
17. 앤디 워홀 ★ 25
18. 스티브 잡스 ★ 26
19. 무하마드 알리 ★ 27
20. 빌 게이츠 ★ 28

31. 갈릴레오 갈릴레이 ★ 41
32. 아이작 뉴턴 ★ 42
33. 찰스 다윈 ★ 43
34. 루이 파스퇴르 ★ 44
35. 파브르 ★ 45
36. 토머스 에디슨 ★ 46
37. 마리 퀴리 ★ 47
38. 아인슈타인 ★ 48
39. 슈바이처 ★ 49
40. 스티븐 호킹 ★ 50

5장

41. 페스탈로치 ★ 52
42. 나이팅게일 ★ 53
43. 앙리 뒤낭 ★ 54
44. 마하트마 간디 ★ 55
45. 헬렌 켈러 ★ 56
46. 테레사 수녀 ★ 57
47. 오드리 헵번 ★ 58
48. 제인 구달 ★ 59
49. 프란치스코 교황 ★ 60
50. 말랄라 ★ 61

6장

51. 니콜라 테슬라 ★ 63
52. 칼 세이건 ★ 64
53. 아르키메데스 ★ 65
54. 빌헬름 뢴트겐 ★ 66
55. 재키 로빈슨 ★ 67
56. 마이클 조던 ★ 68
57. 베이브 루스 ★ 69
58. 아베베 비킬라 ★ 70
59. 스티븐 스필버그 ★ 71
60. 이사도라 덩컨 ★ 72

7장

61. 헤르만 헤세 ★ 74
62. 소크라테스 ★ 75
63. 임마누엘 칸트 ★ 76
64. 체 게바라 ★ 77
65. 마거릿 대처 ★ 78
66. 마크 저커버그 ★ 79
67. 조지프 퓰리처 ★ 80
68. 잭 웰치 ★ 81
69. 올레 키르크 크리스티안센 ★ 82
70. 조앤 K. 롤링 ★ 83

8장

71. 월트 디즈니 ★ 85
72. 요한 볼프강 폰 괴테 ★ 86
73. 프리드쇼프 난센 ★ 87
74. 에드먼드 힐러리 ★ 88
75. 시어도어 루스벨트 ★ 89
76. 마이클 펠프스 ★ 90
77. 펠레 ★ 91

머리말

　용감한 전쟁 영웅들은 그들의 용기와 투지로 불굴의 의지를 보여 주었고, 우리의 일상을 편리하게 만든 발명가들은 그들의 독창성과 창조력으로 인류의 삶을 한 단계 높여 주었어요. 마음을 울리는 음악을 만든 음악가들은 그들의 재능과 열정으로 세상에 감동과 위로를 전하였지요. 또한, 다른 사람들을 돕기 위해 자신의 시간과 힘을 아끼지 않고 바친 봉사자들은 자신들의 헌신과 애정으로 인류에게 사랑의 가치를 가르쳐 주었답니다.

　이 책을 통해서 단순히 재미있는 이야기를 읽는 것을 넘어, 퀴즈 형식을 통해 세계사를 쉽게 접하고 배울 수 있어요. 우리가 반드시 알아야 할 77명의 세계 위인들의 삶과 가치관에 대해 더욱 깊이 이해하게 되는 시간을 가질 수 있었으면 좋겠어요.

1장

알렉산드로스 대왕 • 카이사르 • 칭기즈 칸
잔 다르크 • 나폴레옹 • 링컨 • 쑨원 • 처칠
넬슨 만델라 • 호세 무히카

Quiz 1
대제국을 건설한 **알렉산드로스 대왕**

어느 날 상인이 마케도니아의 왕궁에 말을 팔러 왔지만, 그 말은 너무 흥분해 아무도 다가서지 못했어요. 그때, 알렉산드로스는 말이 자신의 그림자를 보고 놀랐다고 판단해 말의 머리를 다른 쪽으로 돌려 그림자를 가렸어요. 그 순간 말은 착해지고 사람들은 그의 지혜와 용기에 감탄했어요.

성장한 알렉산드로스는 세계를 정복하겠다는 계획을 세워 실행에 옮겨 나갔어요. 그리하여 결국, 거대한 제국을 세우게 되었고 알렉산드로스 대왕이라고 불리게 되었답니다.

알렉산드로스 대왕이 정복한 지역이 아닌 곳은 어디일까요?

① 그리스
② 페르시아
③ 고구려
④ 인도

대제국을 이룩하러 가자!

Quiz 2
위대한 정치가 **카이사르**

나라가 전쟁의 소용돌이에 휘말려 혼란스러웠어요. 그런 시기에 두려움을 모르는 영웅이 등장했지요. 그는 배를 타고 풍랑에 휘말릴 때도 병사들을 격려했고, 전쟁에서 승리하며 '왔노라, 보았노라, 이겼노라'라는 자신감 넘치는 말도 남겼어요. 카이사르는 매력적인 외모와 뛰어난 화술로 사람들의 마음을 사로잡았으며, 화려한 건축물과 도로를 세우는 등 탁월한 정치가의 역할을 하였답니다. 그의 건축물들은 오늘날에도 그 자리에 남아 있다고 해요.

다음 중 카이사르는 어느 제국으로 변화하는 데 중요한 역할을 하였나요?

① 로마 제국
② 잉카 제국
③ 페르시아 제국
④ 몽골 제국

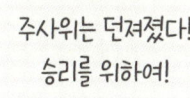
주사위는 던져졌다!
승리를 위하여!

Quiz 3
세계에서 가장 큰 제국을 세운 **칭기즈 칸**

테무친은 일찍 아버지를 잃고 가난한 어린 시절을 보냈지만, 그는 용감하게 성장하여 칭기즈 칸이라는 이름으로 주변 부족들의 지도자가 되었어요. 그는 뛰어난 전투 기술로 중국을 정복하고, 지금의 유럽 땅까지 진출하였지요. 당시 그는 세상에서 제일 커다란 제국을 세웠답니다.

징기즈 칸이 세운 제국은 어디일까요?

① 로마 제국
② 잉카 제국
③ 페르시아 제국
④ 몽골 제국

내가 땅따먹기 왕이다.

Quiz 4
나라를 구한 **잔 다르크**

영국과 프랑스가 백여 년 동안 여러 차례 전쟁이 펼쳐진 시기에, 프랑스의 한 농부의 딸로 태어난 잔 다르크는 천사의 계시를 받았어요. 그 계시는 프랑스를 구하라는 것이었죠. 그래서 1429년에 샤를 7세를 찾아가 신뢰를 얻고 전쟁에 참여하게 되었지요.

그 어린 소녀는 직접 말을 타고 군사들을 이끌기 시작하였고 그 용감한 모습을 보고 군인들은 용기를 얻었어요. 그리하여 결국, 그들은 영국군을 물리쳤답니다.

잔 다르크가 참여한 이 전쟁은 무엇일까요?

① 장미 전쟁
② 백 년 전쟁
③ 크림 전쟁
④ 트로이 전쟁

신께서 우리를 지켜 줄 거야!

Quiz 5
알프스를 넘은 **나폴레옹**

나폴레옹은 이탈리아와 전쟁을 하기 위해 눈보라가 몰아치는 알프스산맥을 넘기로 했어요. 하지만 너무 춥고 먹을 것이 떨어지자 부하들은 원망의 목소리를 높였지요. 그러나 나폴레옹은 이에 굴하지 않고 부하들을 격려하며 산을 넘었고 결국, 군대는 이탈리아에게 승리를 하였어요. 훗날 그는 프랑스 제국의 초대 황제로 〈나폴레옹 법전〉을 만들어 모든 사람이 평등한 대우를 받도록 하였고 학교를 세워 많은 사람들이 교육을 받을 수 있게 하였답니다.

나폴레옹이 힘든 상황에서도 자신감을 얻기 위해 말한 명언은 무엇일까요?

① 고통은 깨달음을 준다.
② 내 사전에 불가능이란 없다.
③ 나는 항상 이긴다.
④ 죽을 만큼 싸우면 살 수 있다.

사전 가져와!

Quiz 6
노예 해방을 이룬 **링컨**

 가난한 농부의 아들로 태어난 이 아이는 어려서부터 노동으로 인해 학교 교육은 거의 받지 못했어요. 하지만 혼자서 열심히 공부해 변호사가 될 수 있었어요. 바로 이 아이가 링컨 대통령이었지요. 링컨 대통령은 흑인들이 노예로 살아가는 것이 잘못되었다고 생각해 사람들이 더 이상 흑인을 노예로 부리는 것을 금지했어요. 그는 모든 사람들이 평등하고 자유롭게 살 수 있는 나라를 만들기 위해 열심히 노력하였답니다.

링컨은 제16대 대통령으로 어느 나라 대통령일까요?

① 러시아
② 프랑스
③ 영국
④ 미국

국민의, 국민에 의한, 국민을 위한 정부를 만듭시다.

Quiz 7
삼민주의 정신 **쑨원**

쑨원이라는 아이가 살던 마을은 동쪽과 서쪽의 문화를 모두 볼 수 있는 특별한 곳이었어요. 그래서 쑨원은 어릴 때부터 서양의 학문에 흥미를 가지게 되었답니다. 그리하여 쑨원은 아버지의 반대에도 미국으로 떠났어요. 미국에서 쑨원은 많은 것을 배우고, 힘 있는 나라들이 중국을 어렵게 만들고 있다는 사실을 알게 되었지요. 그래서 쑨원은 쓰러져 가는 중국을 위해 혁명을 시작하였고, 삼민주의 정신을 내세우며 중국의 자주독립을 위해 평생을 애썼다고 해요.

쑨원의 삼민주의 정신에 해당하지 않는 것은 무엇일까요?

① 공산주의
② 민족주의
③ 민권주의
④ 민생주의

혁명의 기본 이념 3가지는?

Quiz 8
낙제생에서 총리가 된 **처칠**

학교에서는 말썽꾸러기 처칠이었지만 어렵게 사관학교에 들어가 군인이 되었고 전쟁에서 영웅으로 인정받아 의원 선거에서 당선되었어요. 하지만 그 당시 영국은 두 번의 세계대전을 겪어 많이 약해져 있었어요. 그런 어려운 상황에서 처칠은 라디오 방송을 통해 연설하며 사람들에게 희망을 줬어요. 그의 연설로 인해 영국은 다른 나라들로부터 많은 무기를 받아 전쟁에 잘 대응할 수 있었고, 처칠은 더욱 사랑받게 되었지요. 그는 노년에 《제2차 세계대전》이라는 책을 썼는데, 이 책 덕분에 노벨 문학상까지 받게 되었답니다.

처칠의 직업은 무엇일까요?

① 선생님
② 정치가
③ 의사
④ 건축가

절대로, 포기하지 말아야 합니다.

Quiz 9
최초의 흑인 대통령 **넬슨 만델라**

옛날에는 흑인과 백인 사이에 차별이 많았어요. 그런 상황에서 만델라는 흑인에 대한 차별을 바꾸기 위해 열심히 공부해서 변호사가 되었지만, 여전히 흑인이라는 이유로 무시를 받았어요. 그래서 만델라는 많은 사람들과 함께 인종 차별에 반대하는 행진을 했고 그 이유로 오랜 기간 감옥에 있었지요. 이후 27년 만에 감옥에서 풀려난 만델라는 클레르키 대통령과 함께 노벨 평화상을 받았고, 나중에는 흑인 최초로 대통령이 되었어요.

만델라는 차별 없는 세상을 꿈꿨어요. 최초의 흑인 대통령이자 어떤 운동의 상징이였나요?

① 여성 운동가
② 노동 운동가
③ 환경 운동가
④ 인권 운동가

Quiz 10
나누는 삶 **호세 무히카**

　세상에서 가장 가난한 대통령이라는 별명을 가진 사람이 있었어요. 그의 이름은 호세 무히카라는 우루과이의 대통령이에요. 그런데 그가 다스리는 나라가 가난한 것이 아니라, 그 자신이 사치하지 않고 살았기 때문이랍니다.

　무히카 대통령은 화려한 궁전에 사는 것보다 농장에서 살고, 작은 자동차를 타고 다녔지요. 그리고 그는 이웃과 나누는 삶을 실천하기 위해 대통령 월급의 대부분을 다른 사람들을 돕기 위해 기부했다고 해요.

호세 무히카 대통령의 생활 방식은 무엇일까요?

① 사치로운 생활
② 검소한 생활
③ 화려한 생활
④ 풍요로운 생활

어렵고 힘든 사람들을 도와야지요.

마르코 폴로 • 콜럼버스 • 마젤란 • 아문센
앤드루 카네기 • 워런 버핏 • 앤디 워홀
스티브 잡스 • 무하마드 알리 • 빌 게이츠

Quiz 11
동방 여행을 떠난 **마르코 폴로**

　마르코는 이탈리아 상업 도시 베네치아에서 태어났어요. 그의 아버지는 다른 나라와 장사를 하는 무역상이었어요. 그래서 마르코는 열일곱 살이 되었을 때 아버지를 따라 중국에 가게 되었지요. 당시 원나라였던 중국에서 17년 동안 일하면서, 중국과 이란, 몽골을 여행하였어요. 그리고 그곳에서 보고 느꼈던 것들을 모두 기록해 두었답니다. 그 덕분에 우리는 13~14세기의 중국과 이란, 몽골이 어떤 모습이었는지 알 수 있게 되었어요.

마르코 폴로가 체험담을 기록한 여행기의 책은 무엇일까요?

① 동방견문록
② 왕오천축국전
③ 삼국유사
④ 삼국사기

꼼꼼히 적어야지.

Quiz 12
탐험가 **콜럼버스**

　옛날에 유럽 사람들은 무역을 통해 많은 돈을 벌었고 그 중에 콜럼버스라는 사람은 새로운 항로로 인도를 찾아 모험을 떠났어요. 그는 인도를 찾아 향신료를 가져와 에스파냐를 제일 큰 나라를 만들겠다고 여왕에게 약속했지요. 그래서 그는 배를 타고 인도를 찾아 항해를 시작하였고 그러던 중에 새로운 땅을 발견했어요. 모두가 그 땅이 인도라고 생각해 향신료를 찾았지만 결국, 콜럼버스는 빈손으로 돌아가게 되었어요. 왜냐하면, 그들이 발견한 땅은 인도가 아니라 다른 곳이었기 때문이에요.

콜럼버스가 인도라고 생각했던 땅은
실제로는 어떤 대륙일까요?

① 아프리카
② 아시아
③ 아메리카
④ 오세아니아

새로운 항로로 인도에 다녀오겠습니다.

항로 바다 위에 배가 다니는 길

Quiz 13
최초의 세계 일주 **마젤란**

?

마젤란은 비싼 향신료가 있는 인도를 가기 위해 배와 선원들을 이끌고 떠났어요. 그는 아메리카를 돌아 서쪽으로 항해하면 금방 도착할 수 있다고 믿었지요. 하지만 가도 가도 인도는 나오지 않았고, 괴혈병과 굶주림에 시달렸어요. 결국, 마젤란은 인도에 도착하지 못하고 병으로 세상을 떠났어요. 하지만 남은 선원들은 항해를 계속했고, 인도양과 아프리카를 지나서 고향으로 돌아갔어요. 그렇게 그들은 처음으로 지구를 한 바퀴 돌았답니다.

마젤란의 선원들이 항해를 계속하며 처음으로 성취한 일은 무엇일까요?

① 해저 보물을 찾음
② 지구가 둥글다는 것을 증명함
③ 새로운 대륙을 발견함
④ 인도에 도착함

멈추지 말고
계속 항해를 해라.

괴혈병 비타민 C가 부족해서 생기는 병

Quiz 14
남극점에 도착한 **아문센**

선원의 아들로 태어난 아문센은 북극 탐험을 꿈꿔 왔어요. 그러던 어느 날, 미국의 탐험가 피어리가 북극점에 도달한 소식을 듣게 되었지요. 이에 첫 번째가 아니면 의미가 없다고 생각한 아문센은 실망하지 않고 목표를 남극점으로 바꾸었어요. 훗날 아문센은 남극점을 향해 출발한 지 55일 만에 인류 역사상 최초로 지구의 남쪽 끝인 남극점에 도착하였답니다.

아문센이 남극점을 탐험할 때 어떤 수단을 이용하였을까요?

① 오토바이
② 말
③ 자동차
④ 개 썰매

내가 남극에 최초로 온거야.

Quiz 15
철강왕 **앤드루 카네기**

어린 시절부터 열심히 일한 카네기는 여러 가지 일을 해 봤어요. 그 경험을 살려서 철강 회사를 만들었지요. "철강이 필요한 시대가 올 거야"라고 생각했거든요.

카네기 예상대로 철강 회사는 엄청 커지면서 당시 미국 철강 생산의 절반 이상을 차지하였으며 그런 그를 '철강왕'이라고 불렀다고 해요. 그런데 카네기는 일을 그만두고 모은 돈으로 도서관과 학교를 세우고 사람들을 도우며 여생을 보냈다고 해요.

카네기가 일을 그만두고 그동안 모은 돈을 어떤 분야에 투자하였나요?

① 교육과 문화 사업
② 식품 산업
③ 철강 산업
④ 석유 산업

사회 복지를 위해 힘써야지!

Quiz 16
뛰어난 투자가 **워런 버핏**

워런은 어렸을 때부터 돈을 벌고 관리하는 일을 좋아했어요. 그는 열한 살 때부터 주식에 투자할 만큼 똑똑하였지요. 대학에서 경제학을 공부한 후에는 작은 회사를 사서 크게 키웠어요.

한때 미국 최고의 갑부로 올라섰던 워런은 전설적인 투자의 귀재로 평가받았으며 2006년 전 재산의 85%를 사회에 환원하기로 약정하는 등 적극적인 기부 활동을 펼치는 것으로도 유명했어요.

워런 버핏이 진행한 자선 행사로, 그의 경매 수익금이 빈민구호단체에 전액 기부된 이벤트는 무엇인가요?

① 자신의 시계 경매
② 자신의 자동차 경매
③ 자신의 서명된 책 경매
④ 자신과의 점심 식사 경매

전 재산을 사회에 환원하겠습니다.

Quiz 17
미국의 팝 아트의 선구자 **앤디 워홀**

앤디 워홀은 가난한 이민자 가정에서 태어나 병약한 체질에도 불구하고 그림을 통해 창의력을 키웠어요. 대학에서 미술을 전공하고 상업 미술가로 성공한 그는 만화, 통조림, 콜라병, 영화배우 초상 등을 활용하여 팝 아트를 주도하였고, 이를 통해 예술적, 대중적, 상업적으로 성공한 대표 예술가가 되었답니다.

앤디 워홀의 작품은 어떤 것일까요?

① 마릴린 먼로

③ 서당

② 소크라테스의 죽음

④ 흰 소

Quiz 18
혁신의 아이콘 **스티브 잡스**

태어나자마자 양부모에게 입양된 스티브 잡스는 어렸을 때부터 전자 기기를 좋아했던 아이였어요. 그는 친구와 함께 컴퓨터 게임을 만들면서 놀곤 했지요. 어른이 된 후에도 그의 친구 워즈니악과 함께 회사를 만들어 애플I이라는 컴퓨터를 만들었어요.

애플I은 큰 인기를 얻지 못했지만, 잡스는 포기하지 않고 계속해서 새로운 제품을 만들었어요. 그의 노력 덕분에 아이폰, 아이패드 같은 새롭고 멋진 제품들이 탄생했고, 이 회사는 세계 최고의 회사가 되었답니다.

스티브 잡스와 그의 친구 워즈니악과 함께 만든 회사는 무엇일까요?

① 아마존
② 마이크로소프트
③ 애플
④ 알리바바

신제품을 소개합니다.

Quiz 19
영원한 챔피언 **무하마드 알리**

　어릴 적 알리는 가난하고 까만 피부색 때문에 힘들었어요. 그는 힘을 기르기 위해 권투를 배웠고 18살에 국가 대표가 되어 올림픽에서 금메달까지 따냈지요. 그러나 그는 여전히 인종 차별을 당했어요. 그래도 그는 포기하지 않고 권투에 몰두하여 세계 챔피언이 되었답니다. 그 후 그는 자신의 이름을 무하마드 알리로 바꾸었고, 흑인 해방 운동과 구호 활동이 유엔에 인정받아 평화상을 받게 되었어요.

다음 중 무하마드 알리가 남긴 유명한 말은 무엇일까요?

① 나는 평범하다.
② 나비처럼 날아 벌처럼 쏘다.
③ 내 사전에 불가능이란 없다.
④ 나는 세상에서 가장 빠르다.

춤을 추듯 움직이며 한방에...

Quiz 20
디지털 시대의 거인 **빌 게이츠**

컴퓨터를 정말 좋아하던 빌은 하버드 대학을 그만두고 자신만의 회사를 만들었어요. 그리고 큰 회사로부터 일을 받아 돈을 벌어 그 돈으로 회사를 더 크게 키웠지요. 그 후에 빌은 '윈도즈'라는 프로그램을 만들었는데, 이 프로그램은 전 세계에서 가장 많이 사용되는 프로그램이 되었어요. 덕분에 빌 게이츠는 정말 많은 돈을 벌게 되어서 세상에서 제일가는 부자가 되었답니다.

다음 중 컴퓨터 운영 체제 '윈도즈[Windows]'를 개발한 회사는 어디일까요?

① 마이크로소프트
② 애플
③ 구글
④ 삼성

새로운 프로그램을 만들어야지

3장

레오나르도 다 빈치 • 셰익스피어 • 모차르트
베토벤 • 빅토르 위고 • 안데르센 • 톨스토이
빈센트 반 고흐 • 가우디 • 피카소

Quiz 21
시대를 앞선 화가 **레오나르도 다 빈치**

다 빈치는 어렸을 때부터 수학을 비롯한 여러 가지 학문을 배웠고 훗날 '모나리자'나 '최후의 만찬' 같은 대단한 그림을 그렸어요. 그런데 그림만 그리는 것이 아니라 음악, 과학, 토목, 건축 등 다양한 분야에서도 재능이 뛰어났지요. 심지어 독특한 상상력으로 낙하산, 헬리콥터 등 여러 가지 발명품들을 설계하기도 하였답니다.

다음 중 레오나르도 다빈치가 그린 대표작 중 하나는 무엇일까요?

① 흰소

③ 별이 빛나는 밤에

② 진주 귀고리 한 소녀

④ 모나리자

Quiz 22
영국이 낳은 세계 최고의 극작가 **셰익스피어**

윌리엄 셰익스피어는 아주 슬픈 사랑 이야기 〈로미오와 줄리엣〉을 썼어요. 또한, 윌리엄은 배우로 일하면서 극을 썼는데, 〈리어왕〉, 〈햄릿〉, 〈베니스의 상인〉 같은 멋진 작품들을 썼지요. 그 작품들은 나중에 많은 작가들에게 큰 영향을 줄 만큼 좋았으며 수백 년이 지난 지금도 널리 읽히고 있답니다.

다음 중 셰익스피어의 작품에서 유래한 유명한 대사 "사느냐 죽느냐, 그것이 문제로다"가 등장하는 작품은 무엇일까요?

① 로미오와 줄리엣
② 리어왕
③ 햄릿
④ 베니스의 상인

복수를 하는 비극적인 내용으로...

Quiz 23
음악의 신동 **모차르트**

　모차르트는 어릴 때부터 피아노를 정말 잘하는 어린이로 소문났어요. 많은 사람들 앞에서 연주하며 많은 돈도 벌었답니다. 커서는 궁정 작곡가가 되어 〈피가로의 결혼〉, 〈돈 조반니〉, 〈마술피리〉 같은 멋진 음악을 만들었지요. 하지만 아쉽게도 그는 35살의 젊은 나이로 세상을 떠났어요. 그러나 모든 이들에게 정말 특별한 음악가로 기억되고 있답니다.

모차르트는 다양한 장르의 음악을 만들었어요. 해당하지 않은 것은 무엇일까요?

① 힙합
② 교향곡
③ 협주곡
④ 오페라

나는 어릴 때부터 작곡을 했지.

Quiz 24
소리를 듣지 못한 음악가 **베토벤**

음악가인 아버지에게 처음 배운 베토벤은 5세부터 아버지가 아닌 다른 사람에게 음악을 배웠어요. 그러나 그의 교육은 매우 엄격해서 종종 울기도 했답니다. 힘든 어린 시절을 이겨낸 베토벤은 〈영웅〉, 〈합창〉, 〈운명〉과 같은 위대한 곡을 만들었어요. 그러던 어느 날 베토벤은 갑자기 소리를 듣지 못하게 되었어요. 하지만 그는 굴하지 않고 계속 음악을 만들었지요. 이렇게 힘든 상황에서도 음악을 만들어 낸 베토벤은 우리에게 큰 용기를 주었어요.

베토벤은 어떤 어려움을 겪어도 음악을 계속 만들었나요?

① 시력을 잃었다.
② 청력을 잃었다.
③ 미각을 잃었다.
④ 걷지 못하게 되었다.

나는 들리지 않아도 음악을 할 수 있어!

Quiz 25
세계적인 작가 **빅토르 위고**

위고는 아버지가 군인이 되길 바랐지만, 그는 문학을 좋아해서 글을 썼어요. 위고는 〈레 미제라블〉, 〈노트르담 드 파리〉, 〈바다의 노동자〉 같은 유명한 책을 썼지요. 이 책들은 애니메이션, 동화책, 뮤지컬로도 만들어졌어요.

위고의 책들은 프랑스 사람들에게 많은 사랑을 받았어요. 그가 죽었을 때, 국민적인 대시인이 떠났다며 매우 슬퍼했지요. 그는 우리에게 좋은 책을 많이 남겼답니다.

빅토르 위고가 쓴 책 중에서 애니메이션과 뮤지컬로도 만들어진 작품은 무엇인가요?

① 피노키오
② 백설 공주
③ 해리포터
④ 레 미제라블

내가 프랑스의 대문호.

대문호 세상에 널리 알려진 매우 뛰어난 작가

Quiz 26
동화의 아버지 **안데르센**

안데르센은 가난한 구두 수선공의 아들로 태어났어요. 그는 연극배우가 되고 싶었지만, 목소리 때문에 그 꿈을 포기하고 동화를 쓰게 되었지요.

그는 어려운 환경에서도 희망을 잃지 않고 동화를 썼어요. 가난하게 자라서 구걸까지 해야 했던 안데르센의 어머니를 소재로 한 〈성냥팔이 소녀〉, 그의 출신 때문에 멸시를 받고 고생한 생각에 〈미운 오리 새끼〉, 그리고 〈인어 공주〉 등 수많은 동화를 써서 전 세계 어린이들에게 감동과 희망을 주었어요.

안데르센이 원래 꿈꿔 왔던 직업은 무엇인가요?

① 연극배우
② 가수
③ 화가
④ 구두 수선공

나는 자라온 환경을 소재로 책을 쓰기도 했지.

Quiz 27
러시아의 문학을 대표하는 **톨스토이**

톨스토이는 부잣집에서 태어났지만, 농민들에게도 관심이 많았어요. 그래서 그는 농민 아이들을 위한 학교를 열고, 많이 배우지 못한 농민들을 위해 〈바보 이반〉, 〈사람은 무엇으로 사는가〉를 썼어요. 또 톨스토이는 〈안나 카레니나〉, 〈전쟁과 평화〉 같은 위대한 작품들도 썼지요. 이 책들은 러시아 최고의 문학으로 손꼽히고 있어요.

귀족들의 탐욕을 비판하고 농민들이 땀을 흘리며 정직하게 일하는 삶을 쓴 톨스토이 작품은 무엇인가요?

① 햄릿
② 성냥팔이 소녀
③ 바보 이반
④ 로미오와 줄리엣

농민과 귀족이 평등하게 교육받아야지

Quiz 28
자신의 귀를 자른 **빈센트 반 고흐**

목회자의 아들로 태어난 고흐는 어머니의 권유로 독학으로 그림을 배웠어요. 그는 〈해바라기〉, 〈별이 빛나는 밤〉, 〈자화상〉 등 화려하고 강렬한 그림들을 그렸지요.

그의 정열적인 작품은 생전에는 끝내 인정받지 못하였지만, 지금은 온 세계가 그의 작품을 높이 평가하며 많은 사람들이 그를 기억하고 있답니다.

빈센트 반 고흐가 그린 작품이 아닌 것은?

① 모나리자　② 해바라기　③ 자화상　④ 별이 빛나는 밤

Quiz 29
스페인 천재 건축가 **가우디**

　가우디는 고전주의 건축을 벗어나 자연에서 영감을 받아 건물을 만든 건축가였어요. 그의 건축물들은 독특한 형태로 '사그라다 파밀리아 성당', '구엘 공원', '카사 밀라' 같은 건축물들이 바로 그의 대표작이에요. 지금도 많은 사람들이 이 건축물들을 찾아와서 감탄하고, 사진도 찍는답니다.
　가우디는 자연에서 영감을 받아 아름다운 건축물들을 만든 대단한 건축가였어요.

가우디의 대표적인 건축물은 어떤 것일까요?

①
②
③
④

Quiz 30
20세기 천재 화가 **피카소**

　피카소는 처음에는 일반적인 그림들을 그렸어요. 그러나 그는 자신만의 독특한 방법으로 그림에 입체감을 주고 싶어졌지요. 그래서 그는 사람의 앞, 뒤, 옆모습을 모두 한 그림에 넣기 시작했어요. 바로 그 그림이 최초의 입체주의 작품 '아비뇽의 처녀들'이라는 작품이에요.

　그러나 괴상망측한 그림에 사람들은 피카소를 비난했지만, 시간이 지나면서 사람들은 입체주의 그림을 인정하기 시작하였답니다.

▶ **피카소 대표작**: 〈아비뇽의 처녀들〉, 〈게르니카〉, 〈통곡하는 여인〉 등

나만의 방식으로 그려야지.

피카소를 입체파 화가라고 하는 이유는 무엇인가요?

① 여러 장의 그림을 서로 붙여 넣기
② 여러 방향에서 본 상태를 한꺼번에 그리기
③ 페물체의 모습을 흐릿하게 그리기
④ 물체의 모습을 멀고 가까움을 느끼게 그리기

4장

갈릴레오 갈릴레이 • 아이작 뉴턴 • 찰스 다윈
루이 파스퇴르 • 파브르 • 토머스 에디슨 • 마리 퀴리
아인슈타인 • 슈바이처 • 스티븐 호킹

Quiz 31
지구는 돈다 **갈릴레오 갈릴레이**

갈릴레이는 자기가 직접 만든 망원경으로 우주를 관찰한 결과 "지구가 돌고 있다!"라고 주장했어요. 하지만 그 당시 (1600년대) 사람들은 모든 별과 행성이 지구 주위를 돈다는 천동설을 가르쳤지요.

종교 재판에서는 갈릴레이 말이 틀렸다고 생각했고 그의 주장에 대해 벌을 주었어요. 그러나 나중에 갈릴레이의 말이 맞았다는 것을 알게 되었고, 그는 죄가 없다고 인정하였답니다.

갈릴레이가 지구와 다른 행성들이 태양 주위를 돈다고 주장한 이론은 무엇인가요?

① 태양설
② 천동설
③ 지동설
④ 우주설

지구가 태양 주위를 돈다니까!

Quiz 32
만유인력의 법칙 **아이작 뉴턴**

뉴턴이 사과나무 아래에서 쉬다가 떨어진 사과 때문에 머리가 아팠어요. 떨어진 사과를 보고 뉴턴은 생각에 잠겼지요. '왜 사과는 아래로 떨어질까?' 그래서 뉴턴이 열심히 생각하고 실험하다가 알아냈어요. 바로 '중력' 때문이었죠. 중력이란 모든 물체가 서로를 잡아당기는 힘을 말해요. 그래서 사과는 땅으로 떨어진 거였답니다. 이런 중력을 '만유인력'이라고도 하지요.

다음 중 뉴턴이 발견한 힘은 무엇인가요?

① 마찰력
② 중력
③ 부력
④ 무중력

Quiz 33
진화론의 **찰스 다윈**

다윈은 세계의 여러 나라를 여행하며 다양한 생물을 연구하던 중 태평양 동부에 있는 갈라파고스 제도(19개의 섬)의 각 섬에서 자기가 채집한 여러 마리 작은 새들이 모두 핀치새라는 것을 알게 되었어요. 부리의 생김새가 다르고 모두 다른 섬에 살고 있었기에 몰랐던 거예요. 다윈은 동식물이 각자의 환경에 맞게 변화한다는 것을 깨닫고 더욱 연구하여 진화론의 기초를 세우고 〈종의 기원〉이라는 책을 썼어요.

다윈은 연구하며 생물들이 자신들의 환경에 맞게 변화하는 것을 발견하고, 이를 토대로 어떤 이론의 기초를 세웠나요?

① 평행 이론
② 상대성 이론
③ 진화론
④ 창조론

각자 서서히 변화해 왔구나!

Quiz 34
프랑스의 세균학자 **루이 파스퇴르**

포도주가 자주 상하는 원인을 찾아 연구하던 중 파스퇴르는 포도주를 상하게 하는 작은 미생물을 찾아냈어요. 그는 지금도 사용하고 있는 '저온 살균법'이라는 방법을 알아내 미생물을 없앨 수 있었지요. 그 외에도 미생물이 번식하는 것을 막으면 사람이나 동물이 병에 걸리지 않는다는 사실을 알아낼 수 있었어요.

또한, 그는 많은 연구를 통해 탄저병 백신, 광견병 백신 등을 만들어서 많은 사람들이 병을 예방하고 치료할 수 있게 하였답니다.

파스퇴르가 고안한 100℃ 이하의 저온으로 가열하여 병원균(박테리아, 곰팡이, 효모) 등 미생물을 제거하는 방법은 무엇인가요?

① 고온 살균법
② 중온 살균법
③ 저온 살균법
④ 급속 살균법

병을 앓고 나니 면역력이 생기는군

Quiz 35
곤충 박사 **파브르**

　파브르는 가난한 농부의 아들로 태어나 열심히 공부해서 선생님이 되었어요. 어느 날, 섬마을 학교로 가게 되었는데, 그곳에서는 본 적 없는 동물과 식물, 곤충들을 만났답니다. 이를 계기로 그는 많은 곤충들을 연구하기 시작했어요. 그는 평생을 연구한 결과를 모아서 책을 썼지요. 이 책은 과학자들도 놀랄 만큼 훌륭한 책으로 많은 사람들에게 곤충에 대한 새로운 지식을 전해 주었어요.

파브르가 쓴 책의 이름은 무엇인가요?

① 동물기
② 식물기
③ 동물의 세계
④ 곤충기

작은 곤충도 연구해야겠어

Quiz 36
백열전구를 개량한 **토머스 에디슨**

에디슨은 어려서부터 호기심이 많아 엉뚱한 짓을 잘해서 입학 3개월 만에 학교를 그만두고 엄마에게 교육을 받았어요. 집안이 가난하였기에 어렸을 때부터 신문 판매와 닥치는 대로 책을 읽고 화물칸에서도 다양한 실험을 했지요. 그 뒤로도 에디슨은 더 열심히 노력하여 영사기와 축전지 등 1,000여 종이 넘는 발명을 했어요. 지금 우리가 유용하게 쓰고 있는 전구도 에디슨이 개량해 낸 거랍니다.

에디슨의 발명품이 아닌 것은 무엇일까요?

① 핸드폰
② 영사기
③ 축음기
④ 백열전구

천재는 99%의 노력과 1%의 재능으로 이루어진다.

Quiz 37
여성 최초 노벨상 **마리 퀴리**

당시 마리아가 살던 폴란드는 러시아에 지배를 받았기에 마음껏 공부할 수 없었어요. 그래서 프랑스로 가서 이름도 마리로 바꾸고 열심히 공부해 물리학 박사가 되었답니다. 그곳에서 남편 피에르도 만나 결혼한 뒤 남편과 함께 연구를 해 새로운 방사성 원소인 폴로늄과 라듐을 발견했어요. 마리는 소르본 대학의 최초의 여교수가 되었고 노벨 화학상까지 수상하면서 노벨상을 두 번 받은 최초의 과학자이기도 해요.

마리 퀴리가 발견한 야광 시계의 바늘과 숫자를 도색하는 페인트로 사용된 원소는 무엇인가요?

① 라듐
② 니켈
③ 은
④ 구리

Quiz 38
세계적인 물리학자 **아인슈타인**

아인슈타인이 물리적 시공간에 대한 기존 입장을 완전히 뒤엎은 논문을 발표하였어요. 이 이론은 당시까지 지배적이었던 갈릴레이나 뉴턴의 역학을 송두리째 흔들어 놓았고 종래의 시간·공간 개념을 근본적으로 모두 뒤엎을 만큼 대단하였지요. 훗날 더 체계화된 이론을 발표하고 이 업적으로 노벨 물리학상을 받게 된 아인슈타인은 세계적인 천재 과학자로 명성을 얻게 되었답니다.

아인슈타인이 제안한 시간과 공간이 주어진 상황에 따라 변할 수 있다는 이론은 무엇인가요?

① 평행 이론
② 상대성 이론
③ 진화론
④ 창조론

Quiz 39
아프리카 가봉에 병원을 세운 **슈바이처**

 슈바이처는 원래 신학과 철학, 음악을 공부한 학자였어요. 그러나 그는 우연히 보고서를 보고 아프리카에는 병에 걸려도 병원에 가지 못하고 죽어 가는 사람이 많다는 것을 알게 되었지요. 이를 계기로 아프리카로 건너가 병으로 고통받는 사람들을 돈도 받지 않고 정성껏 치료해 주었어요. 60여 년 동안 아프리카에서 병들고 가난한 이들을 돌본 슈바이처는 사람들의 존경을 받았고, 노벨 평화상을 수상하기도 하였답니다.

슈바이처는 아프리카에서 병으로 고통받는 사람들을 치료해 주었어요. 직업은 무엇인가요?

① 의사
② 선생님
③ 음악가
④ 철학가

아픈 사람을 위해 내 인생을 바쳐야지

Quiz 40
블랙홀을 연구한 **스티븐 호킹**

흔히 루게릭병이라고 알려진, 몸속의 운동 신경이 차례로 파괴되어 전신이 뒤틀리는 장애를 가진 호킹은 몸을 자유롭게 움직일 수 없었지만, 휠체어에 앉아서도 공부하는 것을 멈추지 않았어요. 그래서 그는 블랙홀이 모든 것을 빨아들이는 것이 아니라 입자를 내뿜을 수 있다는 '호킹 복사' 이론을 발표해 현대 물리학의 대표적인 학자로 꼽히게 되었답니다.

다음 중 물리학자가 아닌 사람은 누구인가요?

① 뉴턴
② 스티븐 호킹
③ 아인슈타인
④ 톨스토이

아무리 힘들어도 포기하지 않는 것이 중요해

페스탈로치 • 나이팅게일 • 앙리 뒤낭
• 마하트마 간디 • 헬렌 켈러 • 테레사 수녀 • 오드리 헵번
• 제인 구달 • 프란치스코 교황 • 말랄라

Quiz 41
새로운 교육 방법을 실천한 **페스탈로치**

 당시 교육은 부자와 귀족들만 교육을 받을 수 있어 불평등한 사회를 바꾸기 위해 페스탈로치는 교육 운동을 펼쳤어요. 그래서 그는 학교와 고아원을 지어 가난한 아이들을 불러 모아 물건을 이용한 교육, 체험을 통한 새로운 교육 방법으로 아이들 스스로 공부하게 만들었지요. 처음에는 그의 교육 방법은 실패를 거듭했지만, 그는 좌절하지 않고 더 노력하여 학생들이 변화된 모습을 보이면서 페스탈로치의 교육 방법은 널리 퍼져 나갔어요.

페스탈로치가 불평등한 사회를 바꾸기 무엇을 지었나요?

① 교회
② 학교와 고아원
③ 공원과 놀이터
④ 병원

아이들에게 사랑과 교육을!

Quiz 42
백의 천사 나이팅게일

 부잣집에서 태어난 나이팅게일은 부모님의 반대에도 가난하고 병든 사람들을 돌보는 일에 평생을 바치겠다고 결심했어요. 어느 날 신문에서 크림 전쟁의 참상 소식을 듣고 전쟁터에 가서 병에 걸린 병사들을 돌봤어요. 그러나 비위생적인 전쟁터에서 부상병들의 상처가 악화되는 것을 본 나이팅게일은 청소와 세탁 등 위생 상태부터 바로잡았지요. 환자들을 살피러 밤마다 작은 등을 들고 돌아다니는 나이팅게일을 보고 사람들은 백의 천사라고 불렀답니다.

나이팅게일을 백의 천사라고도 불렀어요. 이 직업은 무엇일까요?

① 요리사
② 선생님
③ 간호사
④ 청소부

쓸고, 닦고, 깨끗하게~~

Quiz 43
적십자를 만든 **앙리 뒤낭**

앙리는 부모님을 본받아 어릴 때부터 다른 사람들을 돕는 일에 참여했어요. 어른이 되어서는 전쟁에서 많은 사람들이 다치는 것을 보고 마음이 아파서, 그는 전쟁에서 다친 사람들을 돕는 국제적인 조직을 만들었지요. 그리고 그는 자신이 가진 재산을 털어 구호 활동을 하였어요. 그런 노력이 인정받아 앙리는 세계 최초로 노벨 평화상을 받게 되었답니다.

전쟁에서 다친 사람들을 돕기 위해 만든 국제적인 조직의 이름은 무엇인가요?

① 적십자
② 유니세프
③ 유엔
④ 유네스코

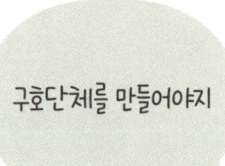
구호단체를 만들어야지

Quiz 44
인도 독립의 정신적 지도자 **마하트마 간디**

당시 인도가 영국의 지배를 받았던 시기에 간디는 인도가 영국에게 착취를 당하는 것을 보고 화가 나서, 인도의 독립을 위해 투쟁을 시작했어요. 간디는 저항의 방법으로 취업 거부, 상품 불매 등을 했어요. 그뿐만 아니라 간디는 영국의 물건을 사용하지 않겠다는 의지로 손수 물레로 직접 옷을 만들어 입기도 했지요. 간디 덕분에 인도의 독립운동은 전 세계에 알려지게 되었고, 결국 인도는 영국으로부터 독립할 수 있었답니다.

간디가 선택한 저항 방식으로 인도의 독립을 이루는 데 큰 영향을 끼친 것은 무엇인가요?

① 폭력 저항
② 비폭력 저항
③ 군사적 저항
④ 경제적 저항

내 옷은 내가 직접!!!

Quiz 45
빛의 천사 **헬렌 켈러**

헬렌 켈러는 어린 시절 큰 병을 앓고 보지도 듣지도 못하게 되었어요. 부모님은 학교에 가지 못하는 헬렌을 위해 앤 설리번이라는 가정 교사를 데려와 정성껏 가르쳤어요. 선생님 덕분에 헬렌은 수화도 배우고 글도 쓸 줄 알게 되었지요. 헬렌은 세계 최초의 대학 교육을 받은 장애인으로서 자신과 같은 아이들을 위해 강의하면서 장애인들을 위한 기금도 모으며 전 세계 장애인들에게 꿈과 희망을 주었답니다.

헬렌 켈러가 가장 크게 활동하고 영향력을 발휘한 분야는 무엇인가요?

① 빈곤 문제 해결
② 노동 개혁
③ 환경 보호
④ 장애인 권리

수화 손의 위치, 손의 움직임을 달리하여 의미를 전달하는 언어

Quiz 46

가난하고 병든 사람들의 어머니 **테레사 수녀**

유고슬라비아의 평범한 농촌 마을에서 태어난 그녀는 수녀가 되기 위해 인도로 떠났어요. 인도에서 그녀는 학교와 진료소를 열어 많은 사람들을 도왔답니다. 그리고 빈민 지역의 콜카타에서 가난한 사람들을 돕기 위해 '사랑의 선교 수녀회'를 만들었어요. 테레사 수녀는 평생을 가난하고 병든 사람들을 위하여 봉사하였으며 그녀의 선행이 널리 알려지면서 노벨 평화상을 받기도 했어요.

테레사 수녀는 어떤 종교 단체에 속해 있었을까요?

① 가톨릭교
② 이슬람교
③ 불교
④ 힌두교

노벨상 상금으로 수백 명을 먹일 수 있어.

Quiz 47
진정한 스타 **오드리 헵번**

　오드리 헵번은 유명한 여배우였어요. 많은 사람들이 그녀의 아름다움을 사랑했지만, 그녀가 진짜로 빛나기 시작한 건 나이가 들었을 때였어요. 유니세프 친선대사가 된 그녀는 전 세계를 돌며 자신이 갖고 있는 모든 돈과 유명세를 배고픈 아이들을 돕는 일에 사용했지요. 그녀는 자신이 평생 쌓은 명성과 인기를 아낌없이 되돌려 준 진짜 스타였답니다.

오드리 헵번의 직업은 무엇인가요?

① 작가
② 운동선수
③ 영화배우
④ 가수

한손은 너 자신을 다른 한손은 다른 사람을 돕는 손이야.

유니세프 아동의 복지 향상을 위하여 설립한 국제 연합의 특별 기구

Quiz 48
침팬지의 어머니 **제인 구달**

어릴 때부터 동물을 많이 사랑한 제인은 자신의 꿈이었던 아프리카에 가서 동물과 매일 함께 지낼 수 있었어요.

제인은 동물들이 어떻게 행동하는지 연구하는 일을 했어요. 그중에서도 가장 오래 연구한 동물은 침팬지였지요. 제인은 침팬지가 도구를 사용하고, 사회생활을 한다는 것을 알아냈답니다.

이것은 그동안 인간만이 도구를 사용한다는 학설을 뒤집어 전 세계에 큰 놀라움을 주었어요.

제인이 밝혀낸 침팬지의 특징은 무엇인가요?

① 주로 혼자 생활함
② 도구를 사용함
③ 불을 사용함
④ 밤에 활동함

나를 엄마라고 불러!

Quiz 49
이웃을 사랑한 **프란치스코 교황**

이탈리아에서 아르헨티나 지역으로 이민 간 철도 노동자의 자녀로 태어난 그는 가톨릭 역사상 최초의 아메리카 대륙 출신의 교황이면서 시리아 출신이었던 교황 그레고리오 3세 이후 1,282년 만에 즉위한 유럽 국가 출신이 아닌 교황이기도 해요.

프란치스코 교황은 항상 겸손하게 행동했고, 사람들이 편하게 다가올 수 있도록 해 주었어요. 그래서 많은 사람들이 교황에게 감동과 위로를 받을 수 있었답니다.

프란치스코 교황이 가장 중요하게 생각하는 가치는 무엇인가요?

① 넉넉한 재산
② 권력
③ 겸손
④ 지위

미움이 있는 곳에 사랑을...

Quiz 50
용감한 소녀 **말랄라**

파키스탄의 탈레반 조직은 여학생들에게 공부를 가르치지 않고 심각한 차별을 했어요. 이에 용감한 소녀 말랄라는 여성도 교육을 받아야 한다는 신념을 인터넷에 글을 올렸지요. 그러나 이 사실이 알려지면서 총을 맞아 다치기도 했지만, 말랄라의 의지는 꺾이지 않았어요.

그녀의 용감함이 전 세계에 알려지면서 2014년 당시 17세 역대 최연소로 노벨 평화상의 수상자가 되었답니다.

말랄라는 어떤 운동가로 알려져 있나요?

① 여성 인권 운동가
② 환경 보호 운동가
③ 동물 보호 운동가
④ 노동 운동가

한 권의 책, 펜 하나가 세상을 바꿀 수 있어요.

니콜라 테슬라 • 칼 세이건 • 아르키메데스
빌헬름 뢴트겐 • 재키 로빈슨 • 마이클 조던 • 베이브 루스
아베베 비킬라 • 스티븐 스필버그 • 이사도라 덩컨

Quiz 51

현대 전기 문명을 완성한 **니콜라 테슬라**

발명왕 테슬라의 능력을 알아본 에디슨은 연구소에서 함께 일했어요. 그러나 에디슨이 직류에만 집중하는 것과 달리 테슬라는 교류에 대한 연구를 계속했어요. 결국, 에디슨을 떠난 테슬라는 에디슨과 '전류 전쟁'이라는 대결을 벌였지요. 에디슨은 교류가 위험하다며 테슬라를 비난했지만, 테슬라의 교류 전기 시스템이 더 우수해 발전소에 적용되면서 테슬라는 이 전쟁에서 승리하였답니다. 그 덕분에 공장에서는 저렴한 가격으로 전력을 사용할 수 있게 되었어요.

니콜라 테슬라가 '전류 전쟁'을 벌이며 주로 연구하고 개발한 발전기는 무엇인가요?

① 태양열 발전기
② 직류 발전기
③ 교류 발전기
④ 원자력 발전기

온 세상을 밝힐 수 있을거야

Quiz 52
과학의 대중화 **칼 세이건**

그는 천문학자, 천체 물리학 박사로, 인류가 처음으로 태양계를 벗어난 우주선 파이어니어 10호와 11호의 계획에 참여했어요. 그는 우주선에 외계로 보낼 인류의 메시지를 담은 알루미늄판을 만들었지요. 또한, 세계 방송 역사상 가장 시청률 높은 시리즈 가운데 하나인 〈코스모스〉는 목성에 대한 최신 사진과 다양한 세트를 이용해서 우주와 인간에 대한 흥미로운 이야기를 보여줬어요. 칼 세이건의 가장 큰 업적은 과학의 대중화라 할 수 있답니다.

별이나 행성, 혜성, 은하 등 우주 전체에 관한 연구를 하는 분야는 무엇일까요?

① 화학
② 생물학
③ 물리학
④ 천문학

내가 과학의 전도사

Quiz 53
'유레카' 아르키메데스

　고대 그리스 최고의 수학자이며 물리학자인 아르키메데스는 왕관의 부피를 재는 연구를 하였지만, 도무지 알 수가 없었어요. 어느 날 자신이 목욕하면서 물이 넘치는 것을 보고 "유레카"를 외쳤지요. 물속에 물체를 넣으면 그 물체와 같은 부피만큼의 물이 흘러넘치고, 흘러넘친 물의 무게만큼 물체가 가벼워진다는 아르키메데스의 원리를 발견한 것이죠. 또한, 그는 지렛대 원리와 물을 끌어올리는 장치 등 수많은 것을 발명하였답니다.

▶**지렛대 원리**: 이 원리로 더 큰 힘을 내거나 물체를 멀리 움직일 수 있어요.

아르키메데스의 '지렛대의 원리'를 이용하여 만든 것은 무엇인가요?

① 투석기(큰 돌을 성이나 적진으로 쏘아 던지던 병기)
② 마차(말이 끄는 수레)
③ 갑옷(적의 창검이나 화살을 막기 위하여 입던 옷)
④ 창(던지고 찌르는 데에 쓰던 무기)

유레카 찾았다, 알았다

Quiz 54
X선을 발견한 **빌헬름 뢴트겐**

뢴트겐은 기존의 광선보다 강한 투과력을 가진 'X선'을 발견한 과학자예요. 그의 발견 덕분에 우리는 이제 뼈를 보려고 꼭 몸을 해부하지 않아도 되었지요. 그는 X선의 발견으로 노벨 물리학상을 세계 최초로 받았어요.

뢴트겐은 X선 발견으로 특허를 내서 막대한 돈을 벌 수 있었지만, X선은 원래 있던 것을 발견한 것이라며 온 인류의 공유를 위해 특허 신청을 끝내 거절하였답니다.

뢴트겐이 발견한, 우리가 병원에서 뼈나 내부를 볼 때 사용하는 것은 무엇인가요?

① 적외선
② 자외선
③ X선
④ 레이저

Quiz 55

흑인 최초로 미국 최상위 리그에 진출한
재키 로빈슨

?

미국에서는 1940년대 후반까지 야구는 백인만 하는 게임이었어요. 그러나 브루클린 다저스 구단주는 재키 로빈슨의 실력을 보고 그를 팀에 뽑았답니다.

재키 로빈슨이 팀에 들어오자마자 다른 팀이나 같은 팀의 선수들은 그를 좋아하지 않았어요. 하지만 그는 자신을 응원하고, 자신을 통해 꿈을 키우는 많은 흑인들을 생각했지요. 그래서 그는 더 열심히 야구를 하였고 결국, 미국 역사에서 가장 위대한 야구 선수가 되었어요.

재키 로빈슨이 흑인 선수로서 최초로 진출한
미국 최상위 야구 리그는 무엇인가요?

① 메이저 리그
② 마이너 리그
③ KBO 리그
④ 프리미어 리그

그의 등번호 42번은 전구단에서 영구 결번으로 지정되었다.

Quiz 56
농구 황제 **마이클 조던**

그는 고등학교 시절 농구팀에서 제외되는 수모를 경험하게 되었지만, 그는 포기하지 않았어요. 하늘을 나는 새를 보며, 만약 자신이 공중에 더 오래 머물 수 있다면 키 큰 선수들보다 더 잘 할 수 있겠다고 생각했지요. 그래서 그는 매일 열심히 연습해서 아무도 따라올 수 없는 놀라운 덩크 슛을 해냈답니다. 그의 노력 덕분에 그는 올림픽 금메달, 리그 우승 6회 등 미국 농구 역사상 가장 뛰어난 선수로 미국 프로 농구의 세계화에 큰 역할을 하였어요.

마이클 조던이 큰 역할을 하여 전 세계에 널리 알려진 미국 프로 농구의 최상위 리그는 무엇인가요?

① KBL 리그
② KBO 리그
③ 메이저 리그
④ NBA 리그

홈런왕 **베이브 루스**

그의 원래 이름은 조지 허먼 루스였지만 커다란 몸에 비해 아기 같은 얼굴 때문에 사람들은 그를 '베이브(아기)'라고 불렀어요. 그는 미국의 메이저 리그에서 가장 유명한 홈런왕으로 알려져 있지요.

그는 처음에는 보스턴 레드삭스팀에서 투수로 시작했지만, 팀을 옮겨 뉴욕 양키스팀 외야수로서 더 큰 인기를 얻었답니다. 그는 미국에서 가장 위대한 스포츠 선수 중 한 명으로 기억되고 있어요.

야구에서 타자가 친 공이 펜스를 넘어가 타자가 한번에 모든 베이스를 돌아 홈에 도착하는 것을 무엇이라고 하나요?

① 파울
② 도루
③ 홈런
④ 아웃

저 멀리 보내야지~~

Quiz 58
맨발의 마라토너 **아베베 비킬라**

아베베는 운동화가 없었지만 맨발로 달려 로마 올림픽에서 세계 신기록을 세웠고 도쿄 올림픽까지 2연패를 이루었어요. 그런데 그는 교통사고로 심각하게 다쳐 걷지 못하게 되었지요. 하지만 아베베는 절망하지 않았어요. 그는 두 팔로 일어설 수 있다며 재활 운동을 하였고, 그 결과 노르웨이에서 열린 휠체어 눈썰매 대회에서 금메달을 땄어요. 그는 장애를 이겨내고 자신의 한계를 돌파하면서 많은 사람들에게 용기를 주었답니다.

아베베 비킬라가 맨발로 뛴 마라톤의
거리는 얼마인가요?

① 4Km
② 42.195Km
③ 421Km
④ 100Km

경쟁보다 자신의 고통을 이겨내는 것이 우선이다.

Quiz 59
미국의 대표 흥행 감독 스티븐 스필버그

어렸을 때부터 영화를 너무 좋아한 그는 열세 살 때부터 직접 영화를 만들었고, 열일곱 살이 되어서는 자신의 영화가 동네 극장에서 상영될 만큼 훌륭했어요.

그의 첫 영화는 텔레비전은 물론 해외 극장까지도 개봉하게 되었지요. 스필버그의 영화는 그 이후로도 연이은 성공을 거두고 특히 〈죠스〉, 〈E.T.〉는 전 세계적으로 흥행에 성공하며 할리우드 블록버스터 영화 시장을 개척하였어요. 그는 감독, 제작자로 할리우드에서 가장 영향력이 있는 인물이 되었답니다.

스티븐 스필버그가 만든 작품 중 식인 상어와의 혈투를 그린 할리우드 블록버스터 영화는 무엇인가요?

① 겨울왕국
② E.T.
③ 쥬라기 공원
④ 죠스

꿈을 쫓으며 일하는 것은 언제나 행복해~

Quiz 60
새로운 형식의 무용을 개척한
이사도라 덩컨

덩컨은 가정 형편이 어려워 춤을 배우지 못하였지만, 그는 자연에서 몸을 움직이며 감정을 표현하는 방법을 배웠어요. 그는 전문 무용수가 되기로 결심하고 기존 발레와는 다르게 자유롭게 춤을 추었지요. 맨발에 얇은 옷을 펄럭이며 춤을 추는 우아한 모습에 사람들은 고대 그리스의 예술을 다시 보는 것 같다며 환호했어요. 덩컨은 전통 발레의 엄격한 형식을 거부하고 자유롭게 개성적인 표현력을 강조한 현대 무용의 개척자로 인정받고 있답니다.

이사도라 덩컨이 창조한 춤 스타일을 무엇이라고 부를까요?

① 재즈 댄스
② 현대 무용
③ 클래식 발레
④ 힙합 댄스

인간의 혼을 보다 자연스럽게~~

7장

헤르만 헤세 • 소크라테스 • 임마누엘 칸트 • 체 게바라
마거릿 대처 • 마크 저커버그 • 조지프 퓰리처 • 잭 웰치
올레 키르크 크리스티안센 • 조앤 K. 롤링

Quiz 61
자신의 꿈을 찾아 **헤르만 헤세**

헤세는 부모님의 뜻에 따라 신학교에 입학하였지만, 작가의 꿈을 포기하지 못한 그는 학교를 그만두고 서점에서 일하며 시를 쓰게 되었어요. 첫 시집이 좋은 반응을 얻고 그 후로도 그가 낸 작품들이 연달아 성공을 하며 작가로서 인정을 받게 되었지요. 하지만 자신의 나라가 전쟁을 일으키자 그는 강하게 반대하였고 국민들은 그를 비난했어요. 그러나 그는 예술에 대한 사랑을 잃지 않았으며 노벨 문학상을 포함한 많은 상을 받게 되었고 평생 자신이 누구인지 자신을 찾기 위해 끊임없는 노력을 하였답니다.

헤세가 처음에 입학한 학교는 어떤 학교였나요?

① 과학 학교
② 미술 학교
③ 신학교
④ 음악 학교

평화는 전쟁보다 훨씬 더 고귀하다

Quiz 62
'너 자신을 알라' **소크라테스**

그리스 아테네에서 태어난 소크라테스는 검소한 생활을 하면서 젊은 사람들과 어울려 이야기하기를 좋아했어요. 그는 '진리'가 무엇인지 진리에 대한 답을 찾아 나섰지만, 그 누구도 이 해답을 찾을 수 없었어요. 사람들은 많은 것을 알고 있다고 자랑했지만, 소크라테스는 사실 우리가 진짜로 아는 것이 별로 없다고 생각했지요. 그래서 그는 사람들에게 질문을 계속 던져 자신들이 얼마나 모르는지를 알게 하였답니다.

소크라테스는 고대 그리스의 대표적인 ☐이다.

① 철학자
② 군인
③ 화가
④ 음악가

네가 아무것도 모른다는 사실을 알아라.

Quiz 63
근세 철학의 아버지 **임마누엘 칸트**

칸트는 평생 자기 고향에서만 살았어요. 게다가 매우 규칙적인 생활을 한 것으로 유명해 매일 똑같은 시간에 똑같은 길을 산책해서 마을 사람들은 그를 보고 시계를 맞출 정도였어요.

칸트는 '이성'을 태어날 때부터 가진 능력이라 믿어 우리는 경험하지 않아도 아는 것이 가능하다고 했어요. 또한, 칸트는 〈순수 이성 비판〉, 〈실천 이성 비판〉, 〈판단력 비판〉 등 많은 책을 썼으며 인류가 스스로 이성을 사용할 수 있게 하려고 평생 철학만을 연구하였답니다.

칸트가 가장 중요하게 생각한 것은 무엇인가요?

① 돈
② 친구
③ 이성
④ 명예

규칙적인 생활을 하자고…

Quiz 64
쿠바의 두뇌 **체 게바라**

아르헨티나에 태어난 체 게바라는 평등하고 행복한 세상을 만들기 위해 쿠바 혁명의 지도자인 피델 카스트로와 함께 쿠바 혁명을 성공시킨 인물이에요. 그는 공로를 인정받아 쿠바 국민이 되었고 쿠바에서 은행 총재, 장관 등 핵심 지도층이 되었지만, 그는 편안한 삶을 포기하고 다른 나라의 사람들을 돕기 위해 콩고와 볼리비아로 갔어요. 하지만 체 게바라는 볼리비아에서 전투 중에 체포되어 죽음을 맞이했지요. 그러나 그가 죽은 후에 오히려 그의 이름과 그가 추구했던 이념이 더 널리 알려져 많은 사람들이 그를 기억하게 되었답니다.

체 게바라는 어느 나라에서 혁명을 일으켰나요?

① 쿠바
② 미국
③ 브라질
④ 아르헨티나

다른 나라 사람들도 도와줘야지.

Quiz 65
철의 여인 **마거릿 대처**

마거릿 대처는 유럽 최초의 여성 총리이며 영국에서 20세기 들어 총리직을 세 번 연임한 최초의 인물이라고 해요. 그녀가 '철의 여인'이라는 별명을 가진 이유는 정부에서 엄격한 규칙을 지키며, 돈을 아끼는 정책도 세우고, 노동조합의 법적 규제를 확대하는 등 강력한 행동을 했기 때문이에요.

대처는 과감한 정책과 개혁으로 영국병을 고치고 강력한 지도력으로 나라를 새롭게 바꾸었답니다.

마거릿 대처는 어느 나라 총리였나요?

① 미국
② 영국
③ 프랑스
④ 독일

누가 뭘 해 주리라고 기대하면 안 됩니다.

Quiz 66
세계를 연결한 SNS **마크 저커버그**

  컴퓨터를 좋아한 마크는 중학생 때부터 프로그래밍을 시작했고, 고등학생 때에는 집 컴퓨터와 아버지의 병원 컴퓨터를 연결하는 프로그램을 만들 정도로 컴퓨터를 잘 다뤘어요.

  그는 하버드 대학교에 입학해 친구들과 함께 하버드대 학생들 간 연락처를 공유하고 인맥을 관리하는 프로그램을 만들었어요. 이러한 프로그래밍을 통해 전 세계에서 가장 큰 SNS가 되었지요. 마크는 23살이라는 어린 나이에 억만장자가 되었고, 전 세계에서 가장 영향력 있는 기업인이 되었답니다.

마크 저커버그가 만든 전 세계인들을 열광시킨 소셜 네트워크 서비스(SNS)의 이름은 무엇인가요?

① 트위터 　　③ 유튜브

② 인스타그램 　　④ 페이스북

Quiz 67
신문왕 **조지프 퓰리처**

아버지의 파산으로 미국에 이민을 간 퓰리처는 글을 잘 써서 기자로서 많은 사람들에게 인정을 받았어요. 신문사도 사서 기업가로 활동한 그는 재미없고 딱딱한 정보만 있는 기존의 신문을 만화나 삽화를 넣는 등 여러 가지 방법으로 신문을 만들어 현대 저널리즘의 새로운 장을 열었어요.

그는 신문으로 벌어들인 돈으로 전문 언론인 교육기관을 세웠으며 그가 죽은 후 그의 유언에 따라 퓰리처상이 만들어졌답니다.

미국에서 신문이나 뉴스, 문학, 음악 등에서 뛰어난 업적을 이루고 특별한 명예를 얻은 사람에게 주는 상은 무엇인가요?

① 노벨상
② 퓰리처상
③ 그래미상
④ 아카데미상

신문은 재미있기도 해야지

저널리즘 신문과 잡지를 통하여 대중에게 시사적인 정보와 의견을 제공하는 활동

Quiz 68
경영의 달인 **잭 웰치**

어렸을 때 말을 더듬어 걱정이었던 잭 웰치는 어머니의 조언으로 자신감을 얻었어요.

그는 전자 회사인 제너럴 일렉트릭(GE)에 입사해 뛰어난 경영 방식으로 승진을 거듭했지요. 47세 젊은 나이로 GE의 최고 경영자 자리에 올라 GE를 세계 최고의 기업으로 만들었으며 그가 20년간 GE 회장으로 있으면서 GE의 시가 총액을 34배나 성장시켰고 엄격한 품질 관리 시스템인 '식스 시그마(Six Sigma)'를 도입하기도 했어요.

잭 웰치는 위기에 빠진 회사를 혁신적으로 바꾼 20세기 최고의 기업가랍니다.

기업이 품질 혁신과 고객 만족을 달성하기 위해 잭 웰치가 도입한 시스템은 무엇인가요?

① 윈도 시스템
② 안내 센터
③ 고객 센터
④ 식스 시그마

말보다 중요한 건 행동이에요.

Quiz 69
레고 나라 **올레 키르크 크리스티안센**

크리스티안센은 작은 마을의 목수였어요. 그는 아이들을 혼자 키우면서 장난감을 사줄 수 없어 나무로 장난감 인형을 만들어 주었지요. 그 장난감은 아이들에게 너무 인기가 좋았고 그래서 더 많은 아이들에게 장난감을 줄 수 있는 방법을 찾던 중 쉽게 붙였다 떼였다 할 수 있는 장난감 블록을 만들었어요. 이것이 바로 우리가 잘 아는 레고의 시작이 되었답니다.

그가 만든 레고는 전 세계 어린이들에게 가장 사랑받은 장난감이 되었어요.

크리스티안센이 만든 레고는 어떤 이유로
아이들에게 사랑을 받았나요?

① 스스로 새로운 모양을 만들 수 있어서
② 가격이 저렴해서
③ 판매하는 곳이 많아서
④ TV 광고가 많아서

'레고'는 덴마크어로 '잘 논다'라는 뜻이에요.

Quiz 70
《해리포터》 조앤 K. 롤링

조앤은 어린 딸을 혼자 키우면서 살기 힘들었어요. 그러나 그녀는 아이를 키우면서 자신이 가장 좋아하는 글을 쓰기 시작하였지요. 그녀는 소년 마법사의 이야기를 담은 동화 '해리포터'를 썼지만, 출판사들은 그 동화가 너무 길고 어렵다고 책을 내어주지 않았어요. 하지만 조앤은 포기하지 않았고 결국, 열세 번째 출판사에서 책을 낼 수 있었어요. 그리고 그 후로 '해리포터'는 전 세계 아이들이 가장 좋아하는 이야기가 되었답니다.

조앤이 쓴 동화책의 주인공은 누구인가요?

① 우주 탐험가
② 마법사 소년
③ 탐험가 소녀
④ 해적 선장

꿈을 포기하지 않고 글쓰기를 멈추지 않았어요.

월트 디즈니 • 요한 볼프강 폰 괴테
프리드쇼프 난센 • 에드먼드 힐러리
시어도어 루스벨트 • 마이클 펠프스 • 펠레

Quiz 71
디즈니랜드 **월트 디즈니**

?

월트 디즈니는 어려운 환경에 학교도 제대로 다니지 못했지만 그림 그리는 것을 좋아했어요. 그는 친구와 광고 회사에 취직하여 작은 애니메이션 영화를 제작하였어요. 그러나 사람들은 그것에 관심을 갖지 않아서 계속 실패했지요. 하지만 그는 포기하지 않고 쥐를 주인공으로 한 '미키 마우스'를 만화 영화로 만들어 크게 성공하였어요. 또한, '미키', '도널드', '백설 공주와 일곱 난쟁이' 등 수많은 걸작 만화를 만들었답니다.

월드 디즈니가 만든 '미키 마우스'와 '도널드 덕'은 어떤 동물을 주인공으로 하였나요?

① 개와 고양이
② 쥐와 오리
③ 곰과 비둘기
④ 고양이와 닭

안녕!
난 미키 마우스야

Quiz 72
세계적인 문학가 **요한 볼프강 폰 괴테**

괴테는 대학에서 법을 전공하며 문학에도 깊은 관심을 가진 학생이었어요. 그러다 그는 안타깝게도 친구의 약혼녀에게 마음이 끌렸어요. 비록 사랑이 이루어지지 못했지만, 그 경험에서 영감을 받아 《젊은 베르테르의 슬픔》이라는 작품을 집필했지요. 이 작품은 출판되자마자 당시 독자들에게 큰 인기를 얻었답니다.

그 후 《파우스트》라는 작품을 집필하였고, 이 작품은 그가 세상을 떠나기 바로 전에 완성하여, 세계 문학사에서 가장 위대한 역작 중 하나로 평가받았어요.

괴테가 자신의 사랑 이야기를 바탕으로 쓴 책의 이름은 무엇인가요?

오, 내 사랑이여!

① 파우스트
② 햄릿
③ 젊은 베르테르의 슬픔
④ 맥베스

Quiz 73
북극점을 향하여 **프리드쇼프 난센**

북극 탐험가가 되기로 결심한 난센은 당시에 북극 탐험에 성공한 사람이 없어서 많은 사람들은 그를 비웃었어요. 하지만 그는 얼음에도 부서지지 않는 자신만의 배(프람호)를 만들어 북쪽으로 계속 항해해 갔어요. 난센은 배에서 내려 개썰매를 타고 북쪽으로 계속 달렸고, 인간이 밟은 땅 중에서 가장 위도가 높은 곳까지 도달하였지요. 그러나 식량이 부족하여 북극점에는 도달하지 못했어요. 그러나 그의 탐험 이후 수많은 사람들이 북극 탐험에 나서는 계기가 되었답니다.

난센이 북극 탐험에 성공하기 위해 만든 것은 무엇인가요?

① 추위에 견디는 시계
② 얼음에 견디는 배
③ 항해용 나침반
④ 두꺼운 장갑

내가 직접 설계, 건조한 탐험선을 만들어야지

Quiz 74
세계의 최고봉에 오른 **에드먼드 힐러리**

당시 세계는 북극점과 남극점이 차례로 정복되자, 세계 탐험가의 관심은 세계에서 가장 높은 약 8,848미터에 이르는 산을 과연 누가, 어느 나라가 정복하는지 관심이 많았어요. 에드먼드 힐러리는 영국의 원정대원으로 선발되어 그 높은 산의 정복을 위해 도전했지요. 그동안 영국은 티베트 쪽으로 출발해 정상 도전을 했지만, 여덟 번이나 실패했어요. 그러나 힐러리는 그보다 더 어렵다고 알려진 네팔 쪽에서 출발해 마침내 인류 최초로 가장 높은 산 정상에 우뚝 서게 되었답니다.

에드먼드 힐러리가 정복한 세계에서
가장 높은 산은 무엇인가요?

① 에베레스트산
② 한라산
③ 알프스산맥
④ 킬리만자로산

나는 텐징과 함께 정상에 올라갔지

Quiz 75
미국의 탁월한 지도자
시어도어 루스벨트

루스벨트는 똑똑하고 부유한 가정에서 태어났지만, 건강하지 못했어요. 그러나 그는 후회 없이 살며 원하는 일을 이루기 위해 최선을 다했어요. 하버드 대학을 졸업한 후 정치인이 되었고, 스페인과의 전쟁에서 승리하여 국민적인 영웅이 되었지요. 그리고 매킨리 대통령 암살로 부통령이였던 그는 대통령직을 이어받아 국내외에서 많은 공로를 이루었어요. 그는 환경 보호와 러일 전쟁 중재, 모로코 분쟁 해결 등의 공로로 노벨 평화상까지 받게 되었답니다.

시어도어 루스벨트의 중요한 업적이 아닌 것은 무엇인가요?

① 제1차 세계 대전 종결
② 모로코 분쟁 해결
③ 러일 전쟁 중재
④ 환경 보호

마지막 그날까지
최선을 다해 살자

Quiz 76
장애를 이겨낸 소년 **마이클 펠프스**

펠프스는 여섯 살 때 ADHD(주의력 결핍과 과잉 활동성 장애)로 진단을 받아 수영을 배우기로 했어요. 처음에는 물이 무서웠지만, 어느 순간 물속에서 자유로움을 느끼게 되었고 이후로 수영 실력은 빠르게 향상되어 열다섯 살에 최연소로 올림픽 대표로 선발되었지요. 그는 첫 번째 올림픽에서는 실수로 메달을 따지 못했지만, 포기하지 않고 세계 기록을 깨는 것을 목표로 더욱 열심히 훈련을 했어요. 그 결과 올림픽 역사상 메달을 가장 많이 딴 선수가 되었답니다.

IOC가 개최하고 전 세계에서 모인 선수가 참가하는 국제 운동 경기 대회는 무엇인가요?

① 아시안 게임
② 올림픽
③ FIFA 월드컵
④ 유니버시아드

나는 인간이 아니라 물고기로 통했다.

Quiz 77
축구 황제 **펠레**

　브라질 시골 마을에서 태어난 펠레는 아버지의 영향으로 어릴 때부터 축구를 좋아했어요. 그는 열여섯의 나이에 브라질 최고의 명문 팀에서 프로 선수 생활을 시작했고 다음 해에는 당시 최연소의 나이로 월드컵에 출전했지요. 펠레가 국가 대표로 활약하는 동안 브라질은 3차례의 월드컵을 우승하였으며 선수 생활을 하는 동안 무려 1,281골을 기록하였답니다.

　펠레는 FIFA가 선정한 '20세기 최고의 선수'에 선정된 전설적인 축구 선수라고 해요.

국제 축구 연맹(FIFA) 주최로 4년마다 열리는 국제 축구 경기 대회는 무엇인가요?

① 세계 선수권 대회
② 올림픽
③ 월드컵
④ 메이저 리그

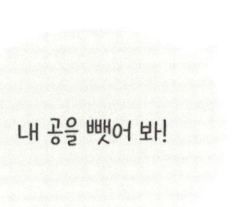
내 공을 뺏어 봐!

부록

Quiz 1 다음 중 서로 관계가 깊은것을 연결하세요.

 ● ① 빌헬름 뢴트겐

 ● ② 나이팅게일

 ● ③ 넬슨 만델라

 ● ④ 마가릿 대처

 ● ⑤ 토마스 에디슨

 다음 중 서로 관계가 깊은것을 연결하세요.

 ● ● ① 월트 디즈니

 ● ● ② 스티브 잡스

 ● ● ③ 안데르센

 ● ● ④ 조앤 K. 롤링

 ● ● ⑤ 아베베 비킬라

Quiz 3 인물과 알맞게 선을 연결해 보아요.

① 마젤란 ●   ● ㉠ 인어 공주, 성냥팔이 소녀

② 셰익스피어 ●   ● ㉡ 노예를 해방하다.

③ 안데르센 ●   ● ㉢ 백의의 천사

④ 나이팅게일 ●   ● ㉣ 지구는 둥글다

⑤ 링컨 ●   ● ㉤ 로미오와 줄리엣

Quiz 4 인물과 알맞게 선을 연결해 보아요.

① 앙리 파브르 ●   ● ㉠ 상대성 이론

② 아이작 뉴턴 ●   ● ㉡ 적십자를 만들다

③ 앙리 뒤낭 ●   ● ㉢ 침팬지 행동 연구

④ 아인슈타인 ●   ● ㉣ 곤충 박사

⑤ 제인 구달 ●   ● ㉤ 만유 인력의 법칙

Quiz 5 인물과 알맞게 선을 연결해 보아요.

① 아르키메데스 ●   ● ㉠ 현대 무용의 선구자

② 마거릿 대처 ●   ● ㉡ 맨발의 마라토너

③ 이사도라 덩컨 ●   ● ㉢ 과학의 대중화

④ 아베베 비킬라 ●   ● ㉣ 철의 여인

⑤ 칼 세이건 ●   ● ㉤ 부력의 원리 발견

Quiz 6 인물과 알맞게 선을 연결해 보아요.

① 넬슨 만델라 ●   ● ㉠ 쿠바의 혁명가

② 소크라테스 ●   ● ㉡ 미키 마우스, 도덜드 덕

③ 마이클 조던 ●   ● ㉢ 인권 운동가

④ 월트 디즈니 ●   ● ㉣ 농구 선수

⑤ 체 게바라 ●   ● ㉤ 철학자

Quiz 7 가로 세로 퀴즈를 풀어 보아요.

·가로 열쇠·

❶ 물리학자, 상대성 이론을 만든 사람
❸〈인어 공주〉,〈성냥팔이 소녀〉를 쓴 작가
❹ 그를 철강왕이라고 불렀다
❺ 레오나르도 다 빈치 그린 그림. 눈썹이 없는 것이 특징
❼ "왔노라, 보았노라, 이겼노라" 말을 남긴 정치가

·세로 열쇠·

❶ 콜럼버스가 인도라고 생각했던 땅은 실제는 어떤 대륙인가요?
❷ 남극에 최초로 도착한 사람
❺ 음악의 신동이라 불림
❽ 링컨은 모든 사람들이 평등하고 ○○롭게 살 수 있게 노력하였어요.

정답

Quiz 1 ③고구려

(동명왕 주몽이 기원전 37년에 세운 나라) 알렉산드로스 대왕은 그리스, 페르시아, 인도에 이르는 대제국을 건설하였으며, 그곳에 도시를 건설하여 동서 교통, 경제 발전에 이바지하였다.

Quiz 2 ①로마 제국

카이사르는 로마 공화국이 로마 제국으로 변화하는 데 중요한 역할을 하였다.
②잉카 제국: 페루를 중심으로 인디오가 세운 나라.
③페르시아 제국: 기원전 559년에 키루스 이세가 현재의 이란 땅에 세운 나라
④몽골 제국: 13세기 초에 칭기즈 칸이 아시아와 유럽 걸쳐 세운 제국

Quiz 3 ④몽골 제국

몽골의 유목 부족을 통일하고 중국을 비롯해 중앙아시아와 동유럽 일대를 정복하여 세운 제국

Quiz 4 ②백 년 전쟁

1337년부터 1453년까지 백여 년 동안 영국과 프랑스가 여러 차례 일으킨 전쟁
①장미 전쟁: 1455년부터 1485년까지 영국의 왕위를 서로 다투어 뺏는 전쟁
③크림 전쟁: 1853년 제정 러시아가 흑해로 진출하기 위하여 연합군과 벌인 전쟁
④트로이 전쟁: 고대 그리스와 트로이군 사이의 전설적인 전쟁

Quiz 5 ②내 사전에 불가능이란 없다.

불가능해 보이는 알프스산맥을 넘어 전쟁을 승리를 이끈 유명한 명언입니다.

Quiz 6 ④미국

에이브러햄 링컨(1809~1865) 미국의 제16대 대통령으로 남북 전쟁에서 북군을 지도하여 점진적인 노예 해방을 이루었다.

Quiz 7 ①공산주의

삼민주의는 중국의 평등과 독립을 위해 쑨원이 강조한 민족주의, 민권주의, 민생주의를 말한다.

Quiz 8 ②정치가

윈스턴 처칠은 영국의 총리를 2번 역임한 정치가, 군인으로 제2차 세계 대전을 승리를 이끈 전쟁 영웅이다.

Quiz 9 ④인권 운동가

인간으로서 당연히 가지는 기본적 권리를 위해 힘쓰는 사람
①여성 운동가: 여성의 권리와 정치적·사회적·경제적 지위를 향상시키기 위해 힘쓰는 사람.
②노동 운동가: 노동자들의 사회적, 경제적 지위 향상과 노동 조건을 개선하기 위하여 힘쓰는 사람
③환경 운동가: 환경 운동에 힘쓰는 사람

Quiz 10 ②검소한 생활

Quiz 11 ①동방견문록

마르코 폴로가 1271년부터 1295년까지 동방을 여행한 체험담을 감옥에 갇혀 있을 때 루스티첼로에게 받아서 적게 하여 만든 책.
②왕오천축국전: 신라 성덕왕 26년(727)에 혜초가 지은 책
③삼국유사: 고려 충렬왕 7년(1281)에 승려 일연이 쓴 역사책

④삼국사기: 고려 인종 23년(1145)에 김부식이 왕명에 따라 펴낸 역사책

Quiz 12 ③아메리카

아메리카 대륙은 콜럼버스에 의해 유럽인들의 관심받게 된 후, 유럽의 식민지로 발전했으며 이 과정이 아메리카 원주민들에게는 엄청난 힘든 시기가 되었다.

Quiz 13 ②지구가 둥글다는 것을 증명함.

인류 역사상 최초의 세계 일주였고, 한 방향으로 계속 나아가면 처음에 출발했던 곳으로 되돌아오게 된다는 주장으로 지구가 둥글다는 사실이 증명된 사건이기도 함

Quiz 14 ④개 썰매

아문센은 영하 50도 이상의 남극점을 탐험할 때 추위에 강한 개 썰매와 동물 털옷을 준비했다.
평균 기온은 북극보다 남극이 더 춥다.

Quiz 15 ①교육과 문화 사업

카네기는 당시로는 천문학적인 액수로

2500개 이상의 도서관을 지었으며 지금까지도 세계적인 공연장으로 유명한 카네기 홀 등 교육, 문화 사업에 자신이 모은 재산 대부분을 사회에 환원하였다.

Quiz 16 ④자신과의 점심 식사 경매

워런 버핏과 점심 식사를 함께 할 수 있는 행사이다.

경매를 통해 낙찰받는 사람은 워런 버핏과 식사를 하며 투자 등 다양한 주제에 대해 대화를 나눌 수 있으며 경매 수익금은 빈민구호단체에 전액 기부된다.

현재는 행사가 마감되었지만, 마지막(2022년) 점심 식사권 경매는 약 246억 원에 낙찰되었다고 한다.

Quiz 17 ①앤디 워홀(1932년 마릴린 먼로) 작품

②자크 다비드(소크라테스의 죽음)
③김홍도 (서당)
④이중섭 (흰소)

Quiz 18 ③애플

미국의 전자제품 제조회사로 맥북, 아이팟, 아이폰, 아이패드 등 전자제품을 생산하는 세계적인 회사이다.
①아마존: 미국의 인터넷 종합 쇼핑몰
②마이크로소프트: 다양한 컴퓨터 기기에 사용되는 소프트웨어 등을 개발, 생산하는 기업
④알리바바: 중국 최대 온라인 전자 상거래 업체

Quiz 19 ②나비처럼 날아 벌처럼 쏘다.

알리는 1964년 당시 세계 헤비급 챔피언 소니 리스턴과의 대결을 앞두고 "나비처럼 날아서 벌처럼 쏜다"라며 그를 자극하였다.

Quiz 20 ①마이크로소프트

마이크로소프트의 가장 유명한 제품은 마이크로소프트 윈도즈라는 운영 체제이다.

Quiz 21 ④모나리자

레오나르도 다 빈치의 모나리자는 루브르 박물관에 전시된 유명한 초상화로, 그림 속 인물의 눈썹이 없는 것이 특징이다. 이에 대해, 당시 미의 기준에 따라 눈썹을 제거했다는 주장과 작품이 미완성이어서 눈썹이 그

려지지 않았다는 설이 있다.

Quiz 22 ③햄릿

"사느냐 죽느냐, 그것이 문제로다"라는 대사는 햄릿의 제3막 제1장에서 혼자 말하는 말로 자신의 존재와 삶의 의미에 대해 깊은 고민을 하는 대사입니다.
햄릿: 햄릿은 아버지를 살해하고 어머니와 결혼한 클라우디우스에게 복수하려는 과정을 다룬 작품이다.
①로미오와 줄리엣: 가문의 갈등 속에서 비극적으로 희생된 연인들의 사랑 이야기.
②리어왕: 리어왕의 어리석음으로 두 딸에게 배신을 당하는 이야기.
④베니스의 상인: 악독한 유대인에게 큰 빚을 진 베네치아 상인의 이야기.

Quiz 23 ①힙합

(1970년대에 미국 뉴욕에서 유행하기 시작한 음악)
②교향곡: 관현악을 위하여 작곡한, 소나타 형식의 규모가 큰 곡
③협주곡: 독주악기와 관현악이 합주하는 악곡
④오페라: 음악을 중심으로 한 종합 무대 예술

Quiz 24 ②청력을 잃었다.

베토벤은 음악가에게 목숨과도 같은 청력을 잃었지만 지속적으로 작품을 만들었다.

Quiz 25 ④레 미제라블

빅토르 위고의 대표작인 <레 미제라블>은 우리나라에서는 <장발장>으로도 소개되었으며 세계 4대 뮤지컬의 하나로 손꼽히고 있다.

Quiz 26 ①연극배우

안데르센은 연극배우가 꿈이었지만 성장 과정에서 목소리가 탁해지면서 꿈을 접어야 했다.
그러나 그는 몇 편의 글을 쓰면서 작가로서의 재능이 드러났다.

Quiz 27 ③바보 이반

톨스토이가 1886년에 발표한 동화로 세 형제와 악마와의 투쟁 이야기.
①햄릿: 셰익스피어의 작품
②성냥팔이 소녀: 안데르센의 작품
④로미오와 줄리엣: 셰익스피어의 작품

Quiz 28 ①모나리자
레오나르도 다 빈치의 작품

Quiz 29 ③사그라다 파밀리아 성당
바르셀로나의 대표적인 로마 가톨릭 성당으로 건축가 가우디가 설계했다.
①자유의 여신상: 미국 뉴욕에 있는 자유를 상징하는 여신상
②에펠탑: 프랑스 파리에 있는 철탑
④타워 브리지:영국 런던의 템스강에 놓인 다리

Quiz 30 ②여러 방향에서 본 상태를 한꺼번에 그리기

Quiz 31 ③지동설
지구는 자전하면서 태양의 주위를 돈다는 설
②천동설: 우주의 중심은 지구이고, 모든 천체는 지구의 둘레를 돈다는 학설

Quiz 32 ②중력(=만유인력)
지구 위의 물체가 지구로부터 받는 힘. 지구 상에서 들고 있는 물체를 놓으면 그 물체는 지구 중심 방향을 향해 아래도 떨어진다.
①마찰력: 접촉하고 있는 두 물체 사이의 상대적인 움직임을 저지하는 힘
③부력: 기체나 액체 속에 있는 물체가 중력에 반하여 밀어 올려지는 힘
④무중력: 중력이 없는 것처럼 느끼는 현상

Quiz 33 ③진화론
다윈은 현재의 동식물은 현재의 형태로 창조된 것이 아니라 초기의 형태에서 진화하는 것이라고 주장함.
①평행 이론: 서로 다른 시공간에 존재하는 서로 다른 사람의 운명이 같은 식으로 반복된다는 이론
②상대성 이론: 아인슈타인이 처음으로 발표한 이론.
④창조론: 세상의 모든 물질과 생명체는 신에 의해 창조되었다는 이론

Quiz 34 ③저온 살균법
100℃ 이하의 저온으로 가열하여 병원균 등 미생물을 제거하는 방법을 말한다. 파스퇴르는 포도주의 이른 부패 원인을 찾고 장기 보존 방법을 연구하던 중에 고안하게 되었다.

저온 살균법은 식품의 맛과 영양을 유지하면서 세균을 제거하는 효과적인 방법으로, 현재까지 널리 사용되고 있다.

Quiz 35 ④곤충기

파브르가 50세부터 시작해서 92세까지 42년 동안 집필했으며 곤충의 습성이나 생태를 잘 관찰한 기록으로 총 10권으로 되어 있다.

Quiz 36 ①핸드폰

에디슨은 학교 교육을 3개월밖에 다니지 못했지만, 축음기, 탄소 송화기(현대 전화기의 전신), 백열전구, 상업적 전등과 전력 체계, 가정용 영사기 등을 발명했다.

Quiz 37 ①라듐

1950년대 중반까지 암 치료에 널리 이용되었으나 피부병의 원인이 되어서 이제는 사용하지 않는다.
②니켈: 공기 중에서 변하지 않아 도금이나 동전의 재료에 사용된다.
③은: 장신구를 만드는 데 많이 사용하는 귀금속이다.
④구리: 열과 전기를 매우 잘 전달해서 생활에서 널리 사용되고 있다.

Quiz 38 ②상대성 이론

(미국의 원자폭탄 연구의 시초)
시간과 공간이 관측자에 따라 상대적이라는 이론으로 사람마다 경험하는 시간은 움직이는 속도에 따라 달라진다는 것이다.
예) 놀이공원에서 롤러코스터를 타고 있는 동안, 그 짧은 몇 분이 정말 길게 느껴질 수 있고, 같은 시간에 친구가 대기 줄에서 기다리면서 무서움에 기다리는 시간이 더 짧게 느껴질 수도 있다.

Quiz 39 ①의사

슈바이처는 아프리카 가봉에 병원을 세워 원주민의 치료에 헌신했으며, 1952년 노벨 평화상을 받았다.

Quiz 40 ④톨스토이

러시아의 시인·소설가·극작가
(1817~1875)
대표작; 《전쟁과 평화》, 《안나 카레니나》, <바보 이반> 등

Quiz 41 ②학교와 고아원

페스탈로치는 스위스의 교육자로 고아들의 아버지였으며, 학교를 세워 어린이의 교육에 있어 조건 없는 사랑을 실천한 것으로 유명하였다.

Quiz 42 ③간호사

매일 밤 직접 환자를 돌보며 야간 간호를 도맡았던 나이팅게일의 모습을 보고 감동을 받은 사람들은 '등불을 든 여인'이라고 부르기도 했다.

Quiz 43 ①적십자

전쟁 때는 부상자의 간호·포로의 송환·난민과 어린이의 구호를, 평상시에는 재해·질병의 구조와 예방을 목표로 한다.
②유니세프: 아동의 복지 향상을 위하여 설립한 국제 연합의 특별 기구
③유엔: 국제 평화와 안전의 유지, 등 국제 협력을 위하여 창설된 국제 평화 기구
④유네스코: 인류가 보존 보호해야 할 문화를 지정하여 보호한다.

Quiz 44 ②비폭력 저항

간디는 인도의 민족 운동 지도자로 영국에 무저항, 비폭력, 불복종 운동을 했다.

Quiz 45 ④장애인 권리

헬렌 켈러는 장애인 교육과 복지 시설 개선을 선도하고 여성과 노동자 등 소외 계층의 인권을 위해 활동하였다.

Quiz 46 ①가톨릭교

테레사 수녀는 주로 인도에서 활동한 로마 가톨릭교회의 수녀이다.
②이슬람교: 아라비아의 예언자 마호메트가 창시한 종교
③불교: 기원전 6세기경 인도의 석가모니가 창시한 종교
④힌두교: 인도의 토착 신앙과 브라만교가 융합하여 발전한 종교

Quiz 47 ③영화배우

오드리 헵번은 영국의 배우이자 자선가로 [로마의 휴일] 작품으로 세계적인 스타가 되었다.

Quiz 48 ②도구를 사용함

제인 구달은 영국의 동물학자이자 환경 운

동가로 침팬지 행동 연구 분야에 대한 세계 최고 권위자로 꼽힌다. 또한, 동물 보호와 환경 보호를 위해 전 세계를 돌며 강연을 하였다.

Quiz 49 ③겸손

교황 프란치스코는 자신의 이름으로 프란치스코를 사용한 최초의 교황이며, 우리나라에 방문하기도 하였다.
그는 공적으로나 사적으로도 항상 검소함과 겸손함을 잃지 않으려 하였다.

Quiz 50 ①여성 인권 운동가

말랄라는 탈레반의 여성 교육 탄압을 인터넷에 알려 국제적인 주목을 받았으며 이후 계속된 탈레반의 위협에도 굴하지 않고 여성 교육권을 주장하였다.

Quiz 51 ③교류 발전기

테슬라의 교류 전기는 더 싸고 안전하며 멀리까지 전기를 보낼 수 있어 이후 미국에서 제작된 모든 전기 장비 대부분을 교류로 사용하게 되었다.

Quiz 52 ④천문학

(우주의 구조, 천체의 생성과 진화 등 전문적으로 연구하는 학문)
세이건은 과학 대중서 작가뿐만 아니라 1980년 첫 방영된 <코스모스>는 전 세계 60개국에서 6억 명의 시청자가 본 세계 방송 역사상 가장 시청률 높은 시리즈 가운데 하나가 되었다.
①화학: 물질의 조성과 구조, 성질 및 변화, 제법, 응용 따위를 연구하는 학문
②생물학: 생물의 구조와 기능을 과학적으로 연구하는 학문
③물리학: 물질의 성질과 현상, 그리고 그들 사이의 관계나 법칙을 연구하는 학문

Quiz 53 ①투석기

Quiz 54 ③X선

X선은 여러 분야에서 쓰인다. 몸속에 있는 다른 물질을 찾아낼 때, 뼈의 모양을 볼 때

자주 쓰이며 치과에서는 치아 촬영에도 X선을 이용해서 찍는다. 또한, 공항 검색대에서 승객들의 짐을 통과시킬 때에도 X선으로 검사해 위험한 물건을 찾기도 한다.

Quiz 55 ①메이저 리그

미국 프로 야구 연맹의 최상위 두 리그를 이르는 말. 내셔널 리그와 아메리칸 리그로 나뉜다.
②마이너 리그: 메이저 리그에 진출하지 못한 선수들끼리 경기를 하는 하위 리그
③KBO 리그: 한국 프로 야구를 의미한다.
④프리미어 리그: 잉글랜드 프로 축구의 최상위 리그

영구 결번: 그 선수의 백넘버를 다른 선수에 물려주지 않고 영구히 보전하는 일

Quiz 56 ④NBA 리그

야구, 미식축구, 아이스하키와 더불어 미국의 4대 스포츠 리그 중 하나로 세계 최고의 프로 농구 리그이다.
①KBL: 우리나라 농구 리그

Quiz 57 ③홈런

①파울: 타자가 친 공이 파울 그라운드에 떨어진 공
②도루: 주자가 수비의 허술한 틈을 타서 다음 베이스까지 가는 일
④아웃: 경기 중에 타자나 주자가 그 자격을 잃는 일

Quiz 58 ②42.195Km

기원전 490년, 페르시아와 아테네의 전투에서 아테네가 승리했을 때, 한 그리스 병사가 승전 소식을 전하고자 40km를 달려 승전 소식을 전하고 죽었다고 한다. 여기에 유래되어 제1회 아테네 올림픽부터 육상의 정식 종목으로 채택되었다.

Quiz 59 ④죠스

스티븐 스필버그가 1975년에 만든 영화로 세계적인 성공을 거두면서 미국 영화계의 대표적인 흥행 감독으로 떠올랐다.

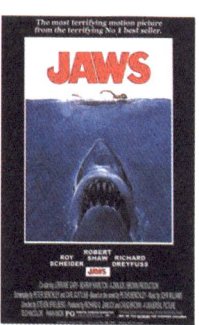

① 겨울왕국　② E.T.　③ 쥬라기 공원

Quiz 60 ②현대 무용

이사도라 덩컨에 의해 시작된 현대 무용은 전통적인 발레에 대한 문제 제기로 시작되었고. 정해진 형식이나 기교를 떠나 자유와 새로움을 추구하여 자유롭고 개성적인 표현력을 강조하였다.

Quiz 61 ③신학교

신학자 집안에서 태어난 헤세는 신학교에 입학하였지만, 기숙사 생활을 견디지 못하고 도망쳐 나온다. '시인이 되지 못하면 아무것도 되지 않겠다'라고 결심하고 서점 점원으로 일하며 글을 쓰기 시작한다.

Quiz 62 ①철학자

소크라테스는 그리스의 대표적인 철학자로서 늘 바른말만 하다가 정치가들에게 미움을 받아 사형에 처하게 되었다. 제자들은 그가 감옥에서 탈출할 것을 하소연했지만 그는 악법도 법이라며 독이 든 잔을 받았다.

Quiz 63 ③이성

동물과 구별되는 인간만의 능력으로 착한 것과 악한 것을 식별하여 바르게 판단하는 능력.

Quiz 64 ①쿠바

체 게바라는 쿠바 반정부 혁명군에 들어가 처음에는 부상병을 치료하는 의사였지만 이후 전투에 직접 참여하여 크게 활약한다.

Quiz 65 ②영국

영국병: 영국인들이 무기력하고 모든 것을 제멋대로 하는 태도로 영국을 비하하는 데 쓰인 용어라고 해요.

Quiz 66 ④페이스북

페이스북에 가입한 다음 자신의 프로필을 만들고 다른 이용자들을 친구로 추가하면 타임라인에 글을 쓰거나 친구와 메시지를 교환할 수 있다.

Quiz 67 ②퓰리처상

◀유명한 퓰리처상 사진 1950년 맥스 데스퍼 촬영 - 6.25 한국 전쟁 당시. 무너지는 대동강 철교

▲유명한 퓰리처상 사진
1993년 케빈 카터 촬영 - 수단의 굶주린 소녀-

①노벨상: 인류 복지에 공헌한 사람이나 단체에 주는 상
③그래미상: 미국의 음악상 중 제일 큰 규모와 권위를 가진 상
④아카데미상: 미국 최대의 영화상으로, 오스카상이라고도 한다.

Quiz 68 ④식스 시그마

기업이 거의 완벽한 제품이나 서비스를 개발하고 제공하기 위해 수립된 품질 관리 기법이자 철학으로, 품질 결함의 원인을 찾아 개선하는 체계적인 접근 방식을 말한다.

Quiz 69 ①스스로 새로운 모양을 만들 수 있어서

Quiz 70 ②마법사 소년

'해리포터' 시리즈는 전 세계적으로 엄청난 인기를 끌면서 영화를 비롯한 다양한 상품들이 제작되었다. 그 뒤 롤링은 책의 인세 및 영화나 관련 상품의 로열티를 통해 세계에서 손꼽는 부자가 되었다.

Quiz 71 ②쥐와 오리

Quiz 72 ③젊은 베르테르의 슬픔

괴테가 무명의 작가에서 유명하게 해준 작품
①파우스트: 괴테가 전 생애를 바쳐서 쓴 작품
②햄릿: 셰익스피어 작품
④맥베스: 셰익스피어 작품

Quiz 73 ②얼음에 견디는 배

최초로 남극점을 정복한 아문센 역시 노르웨이 사람으로 난센은 아문센이 남극점 정복에 나설 때 많은 도움을 주었다. 북극 탐험의 경험을 들려주고 개썰매의 중요성도 알려 주었으며 남극 탐험에 사용된 프람호도 물려주었다.

Quiz 74 ①에베레스트산

세계에서 가장 높은 산으로 알려진 에베레스트산의 높이는 8,848미터로 네팔과 중국의 국경에 위치한다.

Quiz 75 ①제1차 세계 대전 종결

Quiz 76 ②올림픽

전 세계 각 대륙 각국에서 모인 수천 명의 선수가 참가해 여름(하계 올림픽)과 겨울(동계 올림픽)에 스포츠 경기를 하는 국제적인 대회이다.
①아시안 게임: 아시아의 국가들을 위한 종합 스포츠 대회
③FIFA 월드컵: 국제 축구 연맹(FIFA)에서 주최하는 축구 경기
④유니버시아드: 2년에 1번씩 열리는 세계 학생 스포츠 대회

Quiz 77 ③월드컵

세계적인 종합 스포츠 행사 중 하나인 올림픽과 달리 월드컵은 단일 종목 대회다.
올림픽은 한 도시를 중심으로 개최되지만, 월드컵은 한 국가를 중심으로 열린다. 최근 들어서는 공동 개최도 한다.

부록정답

Quiz 1 ~ Quiz 2

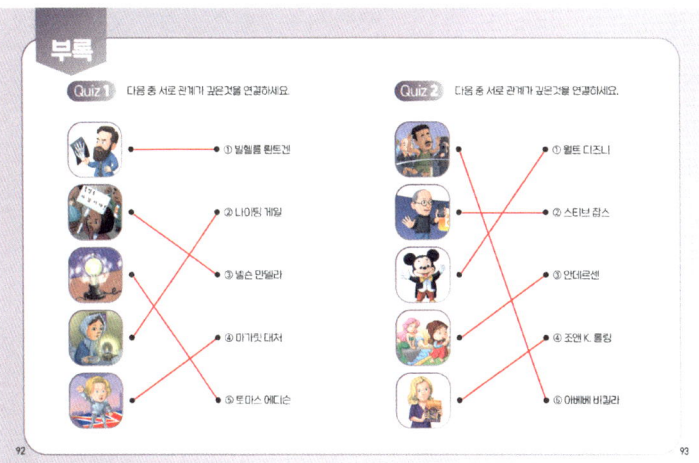

Quiz 3 ~ Quiz 6

Quiz 7

세계를 빛낸 위인들

세계사 퀴즈

초판 1쇄 인쇄 2024년 3월 6일
초판 1쇄 발행 2024년 3월 15일

글 채은
그림 수아
펴낸곳 M&K
펴낸이 구모니카
마케팅 신진섭
등록 제7-292호 2005년 1월 13일
주소 경기도 고양시 일산서구 고양대로 255번길 45, 903동 1503호(대화동, 대화마을)
전화 02-323-4610
팩스 0303-3130-4610
E-mail sjs4948@hanmail.net

ISBN 979-11-91527-75-9

※ 출처 위키백과(https://ko.wikipedia.org)
※ 값은 뒤표지에 있습니다. 잘못된 책은 바꾸어 드립니다.